SUR

LES DIFFÉRENTS NOMS DE L'ACTION

PRÆSCRIPTIS VERBIS

PAR

ADRIEN AUDIBERT

PROFESSEUR A LA FACULTÉ DE DROIT

DE L'UNIVERSITÉ DE PARIS

Extrait des *MÉLANGES GÉRARDIN*

LIBRAIRIE

DE LA SOCIÉTÉ DU RECUEIL J.-B. SIREY & DU JOURNAL DU PALAIS

Ancienne Maison L. LAROSE et FORCEL

22, rue Soufflot, PARIS, 5e arrdt

L. LAROSE & L. TENIN, Directeurs

1907

SUR
LES DIFFÉRENTS NOMS DE L'ACTION
PRÆSCRIPTIS VERBIS

Deux personnes conviennent de se faire des prestations réciproques; ce pacte n'est pas obligatoire par lui-même, mais du jour où l'une des parties l'exécute, elle peut agir contre l'autre, soit par une *condictio*, pour se faire rendre ce qu'elle a donné, soit par une action tendant à l'accomplissement de la prestation convenue. C'est la célèbre théorie des *negotia nova*, ou, suivant l'expression consacrée depuis le Moyen âge [1], des contrats innommés. La connaissance que nous avons de cette théorie et de sa formation historique, achevée seulement sous Justinien, a été, on le sait, complètement renouvelée, il y a une vingtaine d'années, par de savantes recherches auxquelles demeurent attachés les noms de Lenel, de Gradenwitz, de Pernice [2]; plus récemment, le même sujet a suscité divers travaux, parmi lesquels je citerai

(1) Fitting, *Juristische Schriften des früheren Mittelalters,* p. 118, lignes 8 et 9.

(2) Lenel, *das Edictum perpetuum,* 1883, p. 237-239; *l'Edit perpétuel,* trad. Peltier, 2, 1903, p. 16-18; Gradenwitz, *Interpolationen in den Pandekten,* 1887, p. 123-169, et le compte rendu de cet ouvrage par Lenel, dans la *Zeitschrift der Savigny Stiftung,* 9, 1888, *röm. Abth.,* p. 181-182; Pernice, *Ulpian als Schriftsteller,* dans les *Sitzungsberichte der Akademie der Wissenschaften zu Berlin,* 1885, p. 450-451; *Parerga,* dans la *Zeitschrift der Sav. Stift.,* 9, 1888, *röm. Abth.,* p. 248-260; *Labeo,* 3, 1, 1892, p. 88-94, 207-208.

ceux de Kniep, de Naber, de Pokrowsky, de Schlossmann, d'Appleton [1], et peut-être n'apercevra-t-on pas d'abord l'opportunité d'une incursion nouvelle sur un terrain si bien exploré. Si je m'y aventure pourtant, en l'honneur de notre cher et vénéré maître, M. Gérardin, c'est pour examiner, à propos des différents noms que porte l'action tendant à l'exécution des contrats innommés, une question de terminologie que les interpolations du Digeste, si nombreuses en cette matière, rendent très difficile et très complexe.

A la différence des actions contractuelles ordinaires, l'action dont il s'agit ne pouvait évidemment porter le nom du genre de contrats qu'elle sanctionnait, puisque, si l'on met à part l'hypothèse de l'*æstimatum*, ces contrats n'avaient pas reçu de nom technique [2]; mais les très nombreuses expressions qui, à défaut d'un tel nom, servaient à la désigner sont d'une diversité et on peut dire d'une incohérence bien singulières. *Actio civilis incerti, actio in factum, actio præscriptis verbis, actio æstimatoria præscriptis verbis, actio præscriptis verbis in factum, actio civilis in factum, condictio incerti* : ces différents noms, empruntés à des systèmes d'actions qui diffèrent essentiellement les uns des autres, s'appliquent à une seule et même action. Leur synonymie est constamment affirmée; elle l'est notamment par les mots *id est præscriptis verbis : actio civilis, id est præscriptis verbis; actio in factum,*

---

(1) Kniep, *Præscriptio und pactum,* 1891, p. 67-82; Naber, *Observatiunculæ de jure romano,* dans la *Mnemosyne, bibliotheca philologica batava,* 22, 1894, p. 68-86; de Pokrowsky, *Die actiones in factum des classischen Rechts, Z. Sav. St.,* 16, 1895, p. 80-95; Schlossmann, *Præscriptiones und præscripta verba,* 1907, p. 24-29; Ch. Appleton, *L'obligation de transférer la propriété, 16 D. XII, 4, N. Rev. hist.,* 1906, p. 739-780; 1907, p. 101-103. — Voyez aussi Girard, *Manuel de droit romain*⁴, 1906, p. 585-595; Cuq, *Les Institutions juridiques des Romains,* 2, 1902, p. 444-448. — Comme ouvrages plus anciens, citons seulement Bekker, *die Aktionen,* 1873, 2, p. 146-153; Accarias, *Contrats innommés,* 1866, et le compte rendu de Pernice, *Kritische Vierteljahrcschrift,* 10, 1868, p. 68-123; Savigny, *System,* 5, 1841, p. 94-100; Glück, *Pandecten,* 18.

(2) Papin., 1 pr., Cels. 2, Jul. 3, D. 19, 5, *de pr. v.*

id est pr. v.; condictio incerti, id est pr. v. Telle est la terminologie du Digeste. Très certainement ce n'était pas celle du
droit classique.

Il a été démontré par M. Lenel, et tout le monde reconnaît
aujourd'hui qu'en dehors de la formule d'action proposée
pour le cas d'*æstimatum*, l'Edit ne contenait aucune formule
relative aux contrats innommés [1]. Dès le commencement de
l'Empire, pourtant, apparaît cette idée qu'une action doit
être donnée à celle des parties qui a exécuté la convention,
pour lui permettre d'obtenir la contre-prestation convenue ;
mais il s'en faut de beaucoup que les jurisconsultes se soient
mis d'accord soit sur le principe, soit sur son application.
Certains le contestaient; on le trouve contredit encore à la fin
de l'époque classique, notamment par Paul, et même au
delà, par des rescrits de Dioclétien [2]. Quant à ceux qui l'admettaient, ils ne s'entendaient pas sur la question de savoir
quelle action devait être donnée : les uns recouraient à une
action civile, les autres à une action *in factum*.

Cette controverse nous est connue surtout par le célèbre
fragment d'Ulpien, 7 § 2, D. 12, 14, *De pactis* [3], où nous
voyons que Julien fut critiqué par Mauricien pour avoir dit,
dans l'hypothèse *Dedi tibi Sticum ut Pamphilum manumittas,*

____

(1) Lenel, *L'Ed. perp.*, 2, p. 16-18. Ulp. 1 pr. D. 19, 3, *de æstim.* : actio
de æstimato proponitur.

(2) Paul, 1 § 4, D. 19, 4, *de rer. perm.*; Diocl. 7, C. 4, 64, *de rer. perm.*
4, C. 2, 21, *de dol. m.*, etc. Voyez Naber, *Mnem.*, 22, p. 82-86 ; Appleton,
N. Rev. hist., 1905, p. 773-776. *Contrà*, Gradenwitz, *Interpol.*, p. 126,
n. 1.

(3) Ulp. 4 ad. edict. 7 § 2. D. 2, 14, *de pactis*. Sed et si in alium contractum res non transeat, subsit tamen causa, eleganter Aristo Celso respondit esse obligationem. Utputa dedi tibi rem ut mihi aliam dares, dedi ut
aliquid facias : hoc συνάλλαγμα esse et hinc nasci civilem obligationem. Et
ideo puto recte Julianum a Mauriciano reprehensum in hoc : dedi tibi Sticum ut Pamphilum manumittas : manumississti : evictus est Sticus. Julianus scribit in factum actionem a prætore dandam : ille ait civilem incerti
actionem, id est præscriptis verbis sufficere : esse enim contractum, quod
Aristo συνάλλαγμα dicit, unde hæc nascitur actio.

que le préteur devait donner une action *in factum* : c'était l'action civile, *civilis incerti, id est præscriptis verbis*, qui, d'après Mauricien, aurait dû être donnée. Cette décision, qu'Ulpien approuve formellement, est rattachée par lui à la doctrine qu'exposait Ariston dans une réponse adressée à Celse[1], doctrine suivant laquelle toute convention synallagmatique exécutée par l'une des parties, comme par exemple dans l'hypothèse *do ut des* ou *do ut facias*, faisait naître une obligation civile.

Ce témoignage fondamental est confirmé par tout l'ensemble des décisions reproduites au Digeste ou au Code qui donnent tantôt l'une, tantôt l'autre des deux actions. Il est vrai que, si l'on excepte le passage précité d'Ulpien, ces décisions sont toujours présentées comme n'ayant rien de contradictoire et comme visant sous des noms différents une action unique. Mais le tribonianisme de cette conception n'est pas contestable. La controverse classique sur la nature de l'action était sans intérêt depuis que la procédure formulaire avait disparu, et les compilateurs ont imaginé un moyen très simple de la supprimer; ils ont considéré les deux actions entre lesquelles hésitait l'ancienne jurisprudence comme une seule et même action portant des noms différents. Telle est certainement l'idée qui a présidé à la composition du titre consacré à cette matière : **19, 5**. Les rédacteurs ont commencé par rappeler dans la rubrique les deux sortes d'actions

---

(1) Celse était certainement d'un autre avis qu'Ariston. Il est vrai que dans le fr. 3, D. **19, 5**, *de pr. v.*, il recommande d'agir *præscriptis verbis, cum deficiant vulgaria atque usitata actionum nomina*; mais on peut affirmer qu'il n'admettait pas cette action dans le cas d'échange, et ne reconnaissait au coéchangiste d'autre droit que de répéter ce qu'il avait donné : Celse, 16, D. **12, 4**, *de cond. c. d.* Voy. Appleton, *N. Rev. hist.*, 1906, p. 773-774. Appleton vient de démontrer, de la manière la plus ingénieuse et en même temps la plus convaincante, que ce dernier texte a été altéré par suite de l'erreur d'un copiste qui a mal compris l'abréviation du manuscrit : *Pam(philum)* pris pour *P(ecuni)am*; ou plutôt, suivant une autre hypothèse, qui a été suggérée à P. Krueger par l'étude d'Appleton et à laquelle celui-ci se rallie : *R(em)* pris pour *P(ecuniam)*. *N. Rev. hist.*, 1907, p. 101-103.

qu'il s'agissait pour eux de ramener à l'unité, tout en conservant leurs noms respectifs : *de præscriptis verbis et in factum actionibus*. Puis ils ont reproduit, sans souci de la contradiction, les décisions rendues dans l'un ou dans l'autre sens, et pour les concilier, ils se sont appliqués à établir entre les divers noms des actions que donnaient les jurisconsultes une synonymie évidemment étrangère au langage classique. C'est ainsi qu'avec des matériaux empruntés à des doctrines contradictoires, ils ont créé une action unique, revêtue des noms les plus disparates.

La terminologie admise en notre matière n'a donc plus, dans l'œuvre de Justinien, son sens primitif, et pour la comprendre il est indispensable de se reporter à l'époque où il y avait vraiment deux sortes d'actions distinctes, sur lesquelles on discutait. A laquelle de ces deux actions doivent être rapportés les divers noms que les compilateurs ont volontairement confondus, et dans quelle mesure peut-on soupçonner ceux-ci de les avoir modifiés ? Cette question soulève des difficultés délicates, mais qu'il n'est pas impossible de résoudre, si l'on s'attache avant tout, comme au témoignage le plus sûr, à ce fr. 7 § 2, D. 2, 14, que les compilateurs ont heureusement négligé de mettre en harmonie avec leur conception nouvelle de l'action *præscriptis verbis :* c'est à cette maladresse de composition que nous devons le peu de lumière que nous avons sur le sens de l'ancienne terminologie.

Les deux actions que notre texte oppose l'une à l'autre sont l'action *civilis incerti* et l'action *in factum,* la première dite aussi *præscriptis verbis,* et ce sont ces trois noms, *civilis incerti, in factum, præscriptis verbis,* qu'il s'agit d'étudier, d'abord en eux-mêmes, puis dans les divers noms composés dont ils font partie.

I. *Actio civilis incerti. Actio in factum.* — II. *Actio præscriptis verbis.* —
III. Diverses combinaisons de *præscriptis verbis* avec *actio civilis incerti,
condictio incerti, actio æstimatoria, actio in factum.*

I. *Actio civilis* [1], *actio incerti* [2], *actio civilis incerti* [3] :
toutes les fois que l'une ou l'autre de ces expressions se rencontre en matière de contrats innommés [4], il n'est pas dou-

---

(1) Papinien, 1 § 1, D. **19, 5**, *de pr. verb.: civilem actionem in factum
esse dandam Labeo scribit.* § 2 : *in factum civilis subjicitur actio*; Paul,
5 § 1 : *D. eod. : ... nasci civilem obligationem : in |qua actione...*; § 2 : *vel
civilis actio in hoc quod mea interest, vel ad repetendum condictio... in
factum civilem*; § 3 : *nulla est civilis actio*; Papin., 15, D. *eod. : civilis
actio oriri potest, id est præscriptis verbis*; Pomponius, 16 § 1, D. *eod. :
nullam juris civilis actionem esse Aristo ait.* Paul, Sent., 5, 6, 10 : et *civilis
actio hujus rei sicut commodati competit.* Dans le fr. de Paul, 14 D. **43, 26**
de prec. (nulla co nomine juris civilis actio esset) et dans le fr. d'Ulpien
(14 § 11, D. **47, 2** *de furt.*), l'action exclue sous le nom de *civilis* ou *juris
civilis actio* est bien l'action donnée au cas de contrats innommés. Diocl. et
Max., 33, C. 2, 4, de *transact. : præscriptis verbis civili actione subdita...
agere potes*; Justinien, c. un., § 13, C. **5, 13**, de *rei uxor. : præscriptis verbis
civilem actionem.*

(2) Papin., 5, D. **19, 5** : *præscriptis verbis incerti et hic agi posse*; Papin.,
19, D. *eod. : incerti actione tenebitur.* Diocl. et Max., 9, C. **8, 53 (54)** *de
donat. : incerto judicio id est præscriptis verbis debes agere.*

(3) Ulpien, 7 § 2, D. **2,14** (*suprà*, p. 23, n. 3); Ulp., 23 *in fine*, D. **10, 3**,
comm. div. : aut certe actionem incerti civilem reddendam. Neratius, 6, D.
19, 5 : *civili intentione incerti agendum est*; Pompon., 16 pr., D. *eod. : civilem actionem incerti competere*; Diocl. et Max. 6, C. **4, 64**, de *rer. permut. : præscriptis verbis incertam civilem dandam actionem* ; Diocl. et Max.,
22, C. **8, 53, (54)** *de donat. : incerti civili actione.*

(4) C'est seulement en cette matière que l'expression *actio civilis* ou *incerti*
est employée comme une sorte de nom, servant à désigner l'action. Partout
ailleurs, dans les textes fort nombreux où il est parlé d'*actio civilis*, c'est des
actions civiles en général que le plus souvent il s'agit, ou bien, s'il arrive
parfois (ce qui d'ailleurs est assez rare) qu'une action en particulier soit
visée sous ce nom, c'est qu'il y a quelque raison d'en faire remarquer le
caractère civil, par exemple pour l'opposer à une action prétorienne (voy.
notamment, Ulp., 1 § 1, D. **6, 2**, *de public.*; Ulp., 28 pr., D. **30**, *de
leg., 1°*), ou à une poursuite criminelle (Ulp., 15, D. **48, 2**, *de accusat.*).

teux qu'il s'agisse de l'action donnée par ceux qui pensaient avec Ariston que toute convention synallagmatique exécutée par l'une des parties faisait naître une obligation civile. La raison de cette dénomination ne doit être cherchée, quoi qu'on ait dit, ni dans ce fait, d'ailleurs certain, que l'*actio civilis* a été créée par la jurisprudence, source du *jus civile*[1], ni dans cet autre fait, tout à fait contestable, que les contrats innommés auraient porté le nom de *contractus incerti*[2]. Ce qui a valu à notre action d'être appelée *civilis incerti*, c'est en réalité, sa formule. Rédigée comme dans le cas d'*æstimatum*, cette formule comportait certainement, après une première clause

Voy. les textes dans le *Vocabularium jurispr. rom.*, v° *Civilis (actio)*. Le seul texte où les mots *civilis actio* semblent employés sans raison, à la place du nom technique, pour désigner une action particulière, l'action confessoire, est le fr. 6 § 1, D. **8, 5**, *si serv. vindic.*; mais ce texte est interpolé, et peut-être l'expression *civilis actio* y avait-elle un sens tout spécial; cf. *Vat. fr.* 47 a. Du moins ai-je tenté de le démontrer dans les *Studi in onore di Carlo Fadda*, 1906, 5, p. 343 et s.

(1) C'est l'explication qu'admettait Accarias, *Contrats innommés*, p. 67-68. Elle s'accorderait bien avec une opinion récemment soutenue, suivant laquelle l'expression *jus civile* n'aurait désigné, jusqu'au temps des Sévères, que le droit issu de la jurisprudence (Ehrlich, *Beiträge zur Theorie des Rechtsquellen*, I, 1902). Mais cette opinion soulève bien des objections (voy. Girard, *Manuel*[4], p. 42, n. 5). Notre fr. 7 § 2 ne lui est pas favorable, car l'action dite *civilis* y fait antithèse à l'action prétorienne *in factum*. Ehrlich soutient que dans les parties du texte où est exposée la doctrine d'Ariston, ce n'est pas par opposition au droit prétorien que l'obligation admise par ce jurisconsulte, contemporain de Trajan, est appelée *civilis*, et il invoque le fr. 16 § 1, D. **19, 5**. Je renvoie particulièrement à la discussion dont ces textes ont fait l'objet, dans la longue et un peu vive polémique qui s'est élevée entre Ehrlich et Erman (Erman, *Z. Sav. St.*, 24, 1903, p. 436, n. 1; 25, 1904, p. 336-341; Ehrlich, *Z. Grünhut*, 31, 1904, p. 353-356: 32, 1905, p. 602 607).

(2) En ce sens, Accarias, *Contrats innommés*, p. 69-70. L'expression *contractus incerti* se trouve trois fois au Digeste, Ulp. 9 pr., D. **12, 1**, *de reb. cr.*; Ulp. 1 § 6, D. **13, 5**, *de pec. const.*; Florent., 18 pr. D. **46, 4**, *de accept.*, mais on ne peut ni admettre qu'elle ait le sens de contrats innommés, ni même y voir sûrement un terme du droit classique : les trois textes sont vraisemblablement interpolés. Voy. Pernice, *Parerga, Z. Sav. St.*, 13, p. 252-254.

où était décrite l'affaire qui servait de base à l'action, une *intentio in jus* conçue dans la forme *quidquid paret dare facere oportere*, probablement avec les mots *ex fide bona* (1). Il est vrai que beaucoup d'autres actions avaient une formule civile, et beaucoup aussi une formule incertaine; mais il n'y a pas lieu de s'étonner que les mots *civilis* ou *civilis incerti* ne servent jamais à les désigner. Chacune de ces actions avait en effet son nom propre, tiré du contrat ou du quasi-contrat mentionné dans la *demonstratio* de la formule. Les faits constitutifs du contrat innommé, au contraire, n'avaient pas de nom technique par lequel l'action pût elle-même être qualifiée. A défaut d'une qualification de ce genre, il était tout naturel et presque nécessaire de désigner l'action par les caractères essentiels que présentait la formule, d'autant plus qu'il s'agissait de la distinguer d'une autre formule d'action, autrement rédigée, que proposaient les partisans d'une doctrine rivale. L'exactitude de ce point de vue apparaît avec une netteté particulière dans le texte de Nératius où notre action est appelée *civilis intentio incerti* : 6, D. 19, 5.

Pour ce qui est des mots *in factum*, il ne me paraît pas moins certain que l'action prétorienne, donnée d'après la doctrine de Julien, était la seule qu'ils pussent viser dans le langage classique. L'action *in factum*, c'est, ainsi que la définit Gaius, celle dont l'*intentio* n'est pas rédigée *in jus*, mais qui subordonne la condamnation à la vérification d'un fait (2). Ici l'*intentio* devait poser au juge la question de savoir si la convention intervenue entre les parties avait été exécutée par l'une d'elles. C'est évidemment à cette action que se rapportent les mots *in factum* dans le fr. 7 § 2, D. 2. 14, et je ne vois pas pourquoi, dans les autres textes où ces mêmes mots sont employés, ils n'auraient pas le même sens. On propose pourtant, dans une doctrine dont je renvoie à plus tard l'examen, de dire qu'en certains cas, ils servaient à désigner l'action civile elle-même, et

---

(1) Lenel, *L'Éd. perp.*, 1, p. 17-18.
(2) Gaius, 4, 46-47, 107 ; *fragments d'Autun*, 80, 107-108, 111-113.

cette confusion des deux sortes d'action est favorisée par plusieurs textes qui parlent d'action *in factum civilis* ou d'action *in factum præscriptis verbis* ; mais la question est de savoir si ces textes n'ont pas été interpolés. Nous y reviendrons.

II. L'expression *præscriptis verbis* qui sert, dans notre fr. **7** § 2, de qualificatif à l'action *civilis incerti*, se rencontre très fréquemment dans le Digeste et dans le Code[1]. Si on ne la trouve ni dans les Institutes de Gaius[2], ni d'une façon géné-

(1) D. **19, 5**, rubrique : *De præscriptis verbis et in factum actionibus*, C. J. **4, 64** : rubrique, *de rerum permutatione et præscriptis verbis*. — Agere præscriptis verbis : Cels. 2, D. **19, 5**, *de pr. verb.*; Papin. 7; Ulp. 17 pr. § 3, 18, 19 pr. et § 1, 20 pr.; Marcian., 25 *eod. t.* Ulp. 50, D. **18, 1**, *de contr. empt.* Diocl. et Max., 7, C. J. **3, 38**, *comm. utriusq. jud.* — Experiri præscriptis verbis : Cels., 13 § 2, D. **13, 6**, *commod.* Pompon., 18 § 2, D. **10, 2**, *comm. div.* — Conveniri præscriptis verbis : Diocl. et Max., 23, C. J. **3, 36**, *fam. erc.* — Actio præscriptis verbis : Ulp. 7 § 2, D. **2, 14**, *de pactis* (*civilem incerti actionem, id est pr. v.*). Paul, 5 § 4, D. **19, 5**, *de pr. verb.*; Ulp., 13 § 1 (*in factum id est pr. v.*) 15 (*civilis actio id est pr. v.*), 17 § 2 et § 5, 20 § 1; Gaius, 22 (*in factum id est pr. v.*); Afric., 24 (*in factum pr. v.*); Pomponius, 26, *eod. t.* Ulp. 1 § 9, D. **16, 3**, *depositi*; 44, D. **17, 2**, *pro socio*. Papinien, 28, D. **39, 5**, *de donat.* Antonin, 7, C. J. **2, 3**, *de pactis.* Alexand., 6, C. J. **2, 4**, *de transact.* (*utilis actio quæ præscriptis verbis rem gestam demonstrat*). Diocl. et Max., 33 (34) § 1, *eod. tit.* (*præscriptis verbis actione civili subdita*); 14, C. J. **3, 36**, *fam. erc.* Alexand., 2, C. J. **4,54**, *de pact. inter empt.* Diocl. et Max., 4, C. J. **4, 64**, *de rer. permut.*; 6 (*præscriptis verbis incertam civilem*) et 8, *eod. t.* Maxim., 6, C. J. **5, 12**, *de jure dot.* Justinien, 1 § 13. C. J. **5, 13**, *de rei uxor.* Diocl. et Max., 9, C. J. **8, 53 (54)**, *de donat.* (*incerto judicio id est pr. v.*). Inst. Just., 4, 6, 28; 3, 24, 1, 2.

(2) C'est par erreur qu'on a parfois inséré ces mots dans le passage où Gaius énumère les actions de bonne foi : Gaius, 4, 62. P. Krüger et Studemund les y admettaient dans leur édition de 1877 : ils les en ont effacés dans les éditions suivantes. V. 4ᵉ éd., *supplementa*, p. xxxiii. Remarquons aussi que dans les autres passages correspondant à ceux des Institutes de Justinien où est donnée l'action *præscriptis verbis* (Gaius, 3, 143, 144; Inst. Just., 3, 24, 1 *in f.*, 2 *in f.*), Gaius ne parle pas de cette action, mais dit simplement : *quæritur an locatio et conductio contrahatur.* Il n'y a au Digeste qu'un fr. de Gaius où on trouve *præscriptis verbis*, et il est interpolé (22, D. **19, 5**. V. *infrà*, p. 40, 41). Cela d'ailleurs, ne prouve pas que l'expression ne fût pas reçue au temps de Gaius; on peut seulement en conclure que

rale en dehors de la compilation de Justinien, ce n'est pas que son origine ancienne puisse être contestée, et on s'accorde à reconnaître qu'elle remonte au temps de Labéon [1].

Dans le langage classique, c'est certainement à l'action civile seule qu'elle devait être applicable. Les auteurs sont sur ce point unanimes, bien que les mots *id est pr. v.*, de notre texte soient généralement tenus pour interpolés [2], et bien que ces mêmes mots servent dans d'autres textes, sans doute altérés, à qualifier l'action *in factum* elle-même [3]. Ce qui supprime toute hésitation, c'est d'abord que, dans nombre de décisions où il est parlé d'*agere pr. v.*, il n'y a pas la moindre raison de contester qu'il s'agisse de l'action civile [4]; c'est aussi que les mots *præscriptis verbis* à eux seuls donnent très clairement à entendre que la formule d'une action ainsi qualifiée était celle d'une action *civilis incerti*.

A quoi ces mots pouvaient-ils en effet faire allusion, si ce n'est à une clause écrite en tête de la formule, où il devait être parlé de la convention intervenue entre les parties et exécutée par l'une d'elles? Était-ce une *præscriptio* ou une *demonstratio?* Ce point est discuté, et il importe assez peu [5].

Gaius, comme la plupart des Sabiniens, ne devait pas admettre l'action *pr. v.*

(1) Ulp. 19 pr. D. **19,5** : tutius est agere, ut Labeo ait, præscriptis verbis.

(2) *Infrà*, p. 38.

(3) *Infrà*, p. 40-42.

(4) Naber (*Mnemos.*, 22, p. 77-78) se fonde en particulier sur les nombreux textes où l'action *præscriptis verbis* est donnée par Ulpien, partisan déclaré de l'action civile (7 § 2, D. **2, 14**). Voy. 15. 17, 18, 19 pr., 20 pr., § 2, D. **19, 5**; 9 § 3, D. **4, 3**; 1 § 9, D. **16, 3**; 50, D. **18, 1**; 44, D. **17, 2**. Il est vrai qu'on peut citer d'autres textes où le même Ulpien parle d'action *in factum*.

(5) D'après Kniep (*præscr. und pactum*, p. 75, p. 104-105), c'était une *præscriptio*, commençant par les mots *ca res agatur*. D'après Lenel (*L'Éd. perp.*, 2, p. 18), c'était une *demonstratio*, commençant par le mot *quod*, et se terminant d'ailleurs par *qua de re agitur* (V. aussi Pernice, *Z. Sav. St.*, 9, p. 257). La première opinion se fonde sur l'expression *præscriptis verbis* : ce qui n'est pas un argument très probant, car ce nom a pu être donné à l'action en l'absence même d'une *præscriptio* proprement dite, par cela même que l'affaire devait être décrite en tête de la formule. L'autre opinion

Dans tous les cas, il s'agit d'une clause qui mentionne le fait sur lequel le demandeur fonde sa prétention (*præscriptis verbis rem gestam demonstrat*, comme il est dit au Code 6, 2, 4) et qui le mentionne *præ*, c'est-à-dire avant l'*intentio* où cette prétention est exprimée. Or, dans une formule *in factum*, il n'y a pas de place pour une clause de ce genre, puisque le fait sur lequel on se fonde pour agir constitue l'objet même de la question que l'*intentio* pose au juge. Du moment que les *præscripta verba* impliquent l'existence d'une *demonstratio* ou d'une clause semblable à la *demonstratio*, il ne peut être question que d'une formule *in jus*, dans la forme *quidquid paret d. f. oportere*, car c'est dans ces formules seulement que la *demonstratio* se rencontre. Et c'est pourquoi l'action *præscriptis verbis* est nécessairement *incerta*, ainsi que le fait observer Stéphane, dans une scholie des Basiliques que Ferrini a eu le mérite de mettre en lumière [1].

Cette manière d'entendre *præscriptis verbis* a été parfois contestée. Si tel était le sens de ces mots, a-t-on dit, pourquoi toutes les actions précédées d'une *demonstratio* ne s'appelleraient-elles pas *præscriptis verbis?* Il devait y avoir, dans l'action ainsi dénommée, une procédure écrite spéciale, qui lui était exclusivement propre, et on a conjecturé que le demandeur y était tenu de produire *in jure* un écrit qui reproduisait les clauses de la convention et servait de base à la rédaction de la formule. Cette explication, admise par beaucoup d'anciens commentateurs [2], était depuis longtemps fort oubliée, etje ne la rappellerais pas si M. Schlossmann [3] ne venait

---

invoque les mots *quæ rem gestam demonstrat* de la c. 6, C. 2, 4, ce qui n'est pas non plus décisif. La question a d'ailleurs si peu d'intérêt qu'il n'y a nul inconvénient à s'abstenir de la trancher. C'est ce que fait Naber, *Mnemos.*, 22 p. 79-80.

(1) *Basil.* XI, 1, 7, p. 560, v. 1; Ferrini, *Studi Giurid. e storici f. Bologna*, 1888, p. 88, et Lenel, *l'Ed. perp.*, 2, p. 18.

(2) A. Faber, *Rationalia*, 5, 1626, p. 644; Merillius, *Variant. ex Cujacio*, I, 29; Meister, *Select. opusc.*, 1766, p. 374-381; Glück, *Pandect* 18, p. 158-160.

(3) Schlossmann, *litis contestatio*, 1905, p. 28, 163 et s.; *præscriptiones und præscripta verba*, p. 24-29. — Dans son compte rendu de la *litis con-*

tout récemment de la reprendre, dans un opuscule où, voulant
soutenir qu'il n'y avait pas dans la procédure formulaire de
formule écrite, il tente de réfuter l'argument que fournissent
en faveur de l'écrit les mots *præscriptio* et *præscripta verba*.
Je ne puis entrer ici dans l'examen de cette thèse, assurément
hardie. Qu'il me suffise de défendre l'explication courante du
reproche qu'on lui adresse. Il est, quoi qu'on dise, très faci-
lement explicable que, de toutes les actions dont la formule
possédait une *demonstratio*, celle qui résultait des contrats
innommés ait été seule appelée *præscriptis verbis*, puisque
les autres recevaient le nom du contrat que la *demonstratio*
indiquait. C'est parce qu'en matière de contrats innommés
l'absence de nom technique ne permettait pas de qualifier
ainsi l'action, que les jurisconsultes, habitués à chercher dans
la *demonstratio* le nom de l'action et ne pouvant ici l'y trou-
ver, eurent l'idée de relever simplement, par les mots *præscriptis verbis*, la *demonstratio* elle-même. Dans un cas comme
dans l'autre, c'était toujours de cette partie de la formule
que le nom de l'action était tiré : nom précis, lorsqu'il s'a-
gissait d'un contrat nommé; nom vague et indéterminé,
faisant simplement allusion à la *demonstratio* sans en indi-
quer le contenu, lorsque le contrat était innommé.

Malgré son rapport étroit avec la formule, l'expression
præscriptis verbis ne devait pas disparaître avec la procédure
formulaire. Loin de là, non seulement elle s'est conservée,
mais elle a eu dans le droit de Justinien une fortune nouvelle. Les compilateurs lui ont fait, dans leur œuvre, une
très large place, et c'est une question qui se pose, sur un
grand nombre des textes où elle se rencontre, de savoir si
elle n'y a pas été introduite par voie d'interpolation.

On connaît la doctrine brillamment soutenue par M. Gra-

testatio de Schlossmann, H. Krueger admet aussi que la procédure formulaire
a été d'abord purement orale, mais au lieu de combattre l'objection tirée de
l'action *præscriptis verbis*, il reconnaît que cette action date d'une époque
où sans doute la formule écrite existait déjà : *Z. Sav.-Stift.*, 26, 1905,
p. 545-546.

denwitz [1], et d'abord adoptée par M. Lenel, qui l'a ensuite abandonnée [2], suivant laquelle le nom même d'*actio præscriptis verbis* doit être toujours tenu pour suspect. L'expression *præscriptis verbis* était sans doute usitée dans la langue classique ; mais cet ablatif absolu ne pouvait s'employer correctement qu'avec un verbe ; on ne pouvait le joindre à un substantif. On disait *præscriptis verbis agere*, ou *præscriptis verbis dandam esse actionem*, car *præscr. verb.* dépend alors de *dandam esse ;* on ne disait pas *actio pr. v.* Cette dernière expression n'a pu être introduite que par les compilateurs, ou bien, d'après une hypothèse qu'a proposée dubitativement M. Lenel, par une jurisprudence postclassique, antérieure à Justinien.

M. Naber [3] a dirigé contre cette doctrine (la doctrine des deux Otto, comme il l'appelle du prénom de ses deux protagonistes, Otto Gradenwitz et Otto Lenel) une réfutation en règle. L'expression *actio pr. v.*, dit-il d'abord, n'est certainement pas une invention des commissaires de Justinien ; on la trouve en effet chez des jurisconsultes antérieurs au sixième siècle, chez ces professeurs de droit, les ἥρωες, qui enseignaient à Béryte : Eudoxius, qui, dans une note sur la c. 3 C. 8, 54 (55) *de donat. quæ sub modo* = *Vat. fr.* 286, donne à l'action appelée *utilis* par cette constitution le nom d'action *præscriptis verbis* (τὴν οὐτιλίαν ἀγωγήν τὴν præscriptis verbis) [4] ; Patricius, dont une note sur la c. 6, C. 2, 4 *de transact.*, traduit de la même façon les mots *utilis actio quæ præscriptis verbis rem gestam demonstrat* [5]. Mais il faut aller plus loin, d'après M. Naber, et reconnaître qu'il n'existe aucune raison de contes-

---

(1) Gradenwitz, *Interpol.*, p. 123-145.

(2) Lenel, *Z. Sav.-St.*, 9, p. 181, *l'Édit perpét.*, 2, p. 18, n. 1.

(3) Naber, *Mnemos.*, 22, p. 70-78. Avant Naber, Kniep avait déjà fait observer que l'expression *actio pr. v.*, si incorrecte qu'elle fût, avait pu s'introduire dès le troisième siècle, que d'ailleurs en fait de termes techniques tout est possible, et que dans les const. de Dioclétien, 4 et 8, C. 4, **64** où l'expression se rencontre, il n'y a aucune apparence d'interpolation : *Præscriptio und Pactum*, p. 72 et n. 22.

(4) Sch. τοῦ αὐτοῦ, Bas. 47, 1, 72.

(5) Sch. 4, Bas. 11, 2, 23.

ter, pour l'époque classique, l'emploi de l'expression incriminée. Le fait qu'il n'y avait aucune formule proposée dans l'Édit n'empêche pas que les Prudents aient pu donner un nom à l'action délivrée par le préteur, comme ils l'ont fait pour d'autres actions non proposées dans l'Édit. Quant à l'incorrection qu'il y aurait à joindre à un substantif l'ablatif absolu *præscriptis verbis*, est-ce une raison d'affirmer que, même à l'époque classique, une telle expression n'ait pas pu s'introduire dans la langue juridique? Combien de noms techniques ne pourrait-on pas citer que l'usage a formés sans souci de la correction grammaticale[1]? Il est vrai, que dans maints passages du Digeste où l'action *præscriptis verbis* est mentionnée, le soupçon d'interpolation est en effet justifié[2]; mais pour qu'on en puisse conclure que le nom même d'*actio præscriptis verbis* était inconnu du droit classique, il faudrait que, des très nombreux textes où ce nom se rencontre, il n'y en eût pas un qu'un tel soupçon n'atteignît. Or ce n'est pas le cas, soutient notre auteur, et il le démontre, d'abord en se fondant sur un fragment d'Ulpien, omis dans l'étude de M. Gradenwitz, le fr. 44, D. 17, 2 *pro socio*, dont les derniers mots *præscriptis verbis* se rapportent à *actio* et ne sauraient pourtant être remplacés par aucun autre[3]; puis en invoquant

---

(1) Naber cite notamment, comme tels, les noms portés par la *condictio causa data causa non secuta* (expression dont, à la vérité, le caractère classique est contesté), par l'interdit *uti possidetis*, par la stipulation *judicatum solvi*, par la *condictio furtiva* (au lieu de *ex causa furtiva*), etc. *Præscriptis verbis actio* a pu remplacer quelque autre expression plus complète, plus correcte, mais peu commode, telle que *actio quæ præscriptis verbis rem gestam demonstrat* : 6 § 1, C. **2, 4** *de trans.*; ou *actio præscriptis verbis subdita* : 33 (34), C. *eod. t.*

(2) Je renvoie à la démonstration de Gradenwitz pour les textes suivants dont l'interpolation n'est pas contestée par Naber. Au titre *de pr. v.*, Paul. 5 § 4 (Gradenwitz, *Interp.*, p. 128-130); Ulp. 17 § 1 *in f.*, et § 2 (Gr., p. 135-136); Gaius, 22 (Gr., p. 125); Afric., 24 (Gr., p. 141); Pomp., 26 (Gr., p. 143); Ulp., 1 § 3 et § 10, D. **16, 3**, *depositi* (Gr., p. 143); Papin., 28, D. **39, 5**, *de don.* (Gr., p. 130); Ulp., 2 § 2, et Jul., 19 § 2, D. **43, 26** *de prec.* (Gr., p. 128-130).

(3) *Mnemos.*, 22, p. 75-77.

d'autres fragments du même Ulpien, dont l'authenticité contestée par M. Gradenwitz, pourrait cependant être défendue : 17 § 5 [1] et 20 § 2 [2], D. 19, 5, *de pr. v.*; 9 § 3, D. 4, 3, *de dolo malo* [3].

L'argumentation est pressante, et M. Lenel s'y est rendu. J'hésite beaucoup cependant à la tenir pour décisive. Admettons que l'expression suspectée se rencontre certainement avant Justinien. Admettons que sa latinité douteuse ne soit pas une raison d'affirmer *a priori* qu'elle n'a pu être employée dans la langue juridique du IIIe siècle. Il s'agit de savoir si en fait elle l'a été, et les preuves qui ont été fournies de l'interpolation des nombreux textes où elle se trouve, produisent dans le sens de la négative une impression que les textes invoqués en sens contraire ne parviennent pas, à mon avis, à détruire. Le texte principal qu'objecte M. Naber ne me paraît pas échapper au soupçon d'interpolation. C'est le fr. 44, D. 17, 2 [4]. Ulpien y donne, à propos d'une hypothèse d'*æstimatum*, l'action *pro socio* si les parties ont eu la volonté de contracter une société, l'action *præscriptis verbis* dans le cas contraire; or, n'est-ce pas l'action *de æstimato* qui conviendrait seule en ce second cas? Cette action ne se confondait pas avec l'action *præscriptis verbis*. Si l'on admet, comme le fait M. Naber, avec raison je crois, qu'elle ne portait pas à l'époque classique le nom de *præscriptis verbis* [5], il est bien difficile de comprendre qu'Ulpien ait ainsi substitué un nom d'action à un autre. M. Naber l'explique par cette supposition très arbitraire, que l'action *de æstimato* était donnée seulement lorsqu'il s'agissait d'objets de peu de valeur, et

---

(1) Gradenw., *Interp.*, p. 137, et Lenel, *Paling.*, Ulp. 806.

(2) Gradenw., *Interp.*, p. 137-138; Lenel, *Paling.*, Ulp. 943.

(3) Gradenw., *Interp.*, p. 144; Lenel, *Paling.*, Ulp. 385; Pernice, *Z. Sav.-St.*, 9, p. 254, n. 1.

(4) Si margarita tibi vendenda dedero ut, si eadem vendidisses, redderes mihi decem, si pluris, quod excedit tu haberes, mihi videtur, si animo contrahendæ societatis id actum sit, pro socio esse actionem, si minus, præscriptis verbis.

(5) *Mnemos.*, 22, p. 68-70.

non à propos de bijoux, comme dans l'espèce [1]. Ce qu'il faut reconnaître (et nous allons le constater dans un instant), c'est que les compilateurs ont voulu ramener l'action *de æstimato* à l'action *præscriptis verbis;* c'est qu'ils lui ont donné pour cela, au titre *de æstimatoria* **19, 3,** le nom d'*actio æstimatoria præscriptis verbis;* c'est qu'en dehors de ce titre on ne trouve pas une seule fois le nom d'action *æstimatoria* employé pour la désigner [2] : ils l'ont donc systématiquement effacé, et ici, en particulier, ils l'ont remplacé par le nom de l'action générale *præscriptis verbis* [3]. Ainsi le texte qu'on oppose à la thèse de M. Gradenwitz semble bien lui-même être interpolé.

Je ne puis entrer ici dans l'examen des textes si nombreux que cette question intéresse, et je n'ajouterai qu'une observation. M. Naber suppose que le nom d'*actio præscriptis verbis* a dû remplacer les désignations plus complètes, moins incorrectes, mais fort incommodes qu'on trouve parfois employées, *actio quæ præscriptis verbis rem gestam demonstrat,* ou *actio præscriptis verbis subdita* [4]. Mais ces expressions ne se rencontrent que dans deux rescrits du milieu ou de la fin du IIIe siècle, l'une dans un rescrit d'Alexandre Sévère, de l'an **230,** très suspect d'ailleurs d'interpolation [5], l'autre dans un rescrit de Dioclétien de **294.** L'emploi de telles périphrases ne tend-il pas à prouver qu'à cette époque le nom d'*actio præscriptis verbis* n'était pas encore usité et qu'il ne s'est introduit que plus tard?

III. Quoi qu'il en soit, il est bien certain que dans un grand nombre des textes où l'expression *præscriptis verbis* est employée, avec ou sans le mot *actio,* avec ou sans les mots *id est,* elle y a été ajoutée lors de la rédaction du Digeste ou du

---

(1) *Mnemos.,* **22,** p. 75.

(2) Voy. les textes cités au *Vocabular. Jurisp. rom.,* v° *Æstimatorius.*

(3) Cf. les fr. **17** § **1,** D. **19, 5** et **13** § **1,** D. *eod. t.,* où, à propos d'*æstimatum,* il est parlé soit d'action *præscriptis verbis,* soit d'action *in factum,* mais jamais d'action estimatoire; *infrà,* p. 40, n. 2.

(4) *Suprà,* p. 34, n. 1.

(5) Pernice, *Labeo,* 3, 1, p. 91, n. 4.

Code. Les compilateurs ont eu pour elle une sorte de prédilection. On peut dire qu'ils ont voulu en faire le nom principal de notre action. C'est elle qu'ils ont mise au premier rang, dans la rubrique du titre de *præscriptis verbis*. C'est à elle seule qu'ils ont donné place dans les Institutes[1]. C'est en l'introduisant dans les textes par voie d'interpolation qu'ils ont étendu à de nouvelles hypothèses et généralisé la théorie des contrats innommés [2]. Fréquemment, elle se rencontre unie à quelque autre nom d'action, par exemple à *actio civilis incerti*, à *condictio incerti*, à *actio æstimatoria*, à *actio in factum*, et lorsqu'elle sert ainsi à renforcer, à doubler cet autre nom, il n'est pas douteux, à mon avis, qu'elle ait été ajoutée par les compilateurs. C'est un procédé d'interpolation qui leur est familier : ils l'emploient systématiquement pour ramener à l'unité, sous la diversité des noms, les anciennes actions données par les Prudents. On peut seulement se demander jusqu'à quel point ils ont par ces combinaisons de noms changé la terminologie classique, et c'est la question que nous devons nous poser.

D'abord les textes où l'on trouve *præscriptis verbis* joint à *actio civilis* [3], à *actio incerti* [4] ou à *civilis incerti* [5], doivent-

(1) Inst., **4, 6, 28; 3, 24, 1** et **2**. Cf. Gaius, 4, 62; 3, 143, 144. *Suprà*, p. 29, n. 2.

(2) C'est bien ainsi, par l'insertion des mots *præscriptis verbis*, que cette extension a été faite par exemple au précaire (2 § 2, 18 § 2, D. **43, 26**), à la transaction (6, C. J. **2, 4**; cf. 7, C. J., **2, 3**), à la vente sous condition résolutoire (2, C. J., **4, 54**), etc. Remarquons qu'au contraire, dans le passage interpolé des sentences de Paul 5, 6, 10, où une glose postclassique a fait au précaire une semblable extension, c'est l'expression *actio civilis* qui a été ajoutée.

(3) Papin., 15, D. **19, 5** : *civilis actio oriri potest, id est præscriptis verbis.* C'est l'expression qu'emploie Justinien, c. *unic.*, § 13, C. **15, 3** : *præscriptis verbis civilem actionem.*

(4) Papin., 8, D. **19, 5** : *præscriptis verbis incerti et hic agi posse.* Diocl. et Max., 9, C. **8, 53 (54)** : *incerti judicio, id est præscriptis verbis... debes agere.*

(5) Ulp. (citation de Mauricien) 7 § 2, D, **2, 14** : *civilem incerti actionem id est præscriptis verbis sufficere.* Diocl. et Maxim., 6, C. **4, 64** : *præscriptis*

ils être tenus pour interpolés? Aucune des deux expressions n'y est prise dans un sens contraire au sens classique. On peut s'étonner seulement que l'une des deux ne suffise pas : et le plus souvent, du moins s'il y a *id est præscriptis verbis* [1], on attribue ces mots à Tribonien [2]. On doit les lui attribuer surtout si l'on pense que l'adjonction de *præscriptis verbis* au mot *actio* est à elle seule une preuve d'interpolation. Seulement, le but des compilateurs n'a pas été ici de faire subir un réel changement à la terminologie classique; il ne s'agissait pour eux que de mettre plus en relief leur expression favorite.

D'autres combinaisons de noms sont au contraire, au point de vue du droit classique, de véritables hérésies.

Telle est d'abord l'assimilation faite par le fr. 19 § 2, D. 43, 26, à propos du précaire, entre l'action *præscriptis verbis* et la *condictio incerti : ...non solum interdicto uti possumus, sed et incerti conditione, id est præscriptis verbis.* On peut affirmer que les mots *id est pr. v.* ont été ajoutés par les compilateurs [3], non seulement parce que l'auteur du

verbis incertam civilem dandam actionem. Diocl. et Maxim., 33, **2, 4** *de transact., præscriptis verbis actione civili subdita... agere potes.*

(1) 15, D. **19**, 5; 7, § 2, D. 2, 14, et 9, C. **8, 53 (54)**. Sur les mots *id est, hoc est,* comme indices d'interpolation, voy. Eisele, *Z. Sav. St.,* 7, 1885, p. 18.

(2) Les derniers mots du fr. 2 § 2, D. **43, 26** (sed etiam præscriptis verbis actione quæ ex fide bone oritur) ne sont pas moins sûrement de Tribonien. Voy. Gradenwitz, *Interpol.,* p. 128-130; Girard, *Man.,* 4ᵉ éd., p. 597, n. 2. Nous savons d'ailleurs par d'autres textes qu'aucune *actio civilis* ne résultait du précaire : Ulp., 14 § 1, D. **47, 2** *de furtis*; Paul, 14, D. **43, 26,** *de precar.* L'affirmation contraire qui se trouve dans les sentences de Paul, **5, 6, 10,** ne peut être qu'une glose. Elle a donné à penser que les commissaires de Justinien avaient dû s'appuyer, pour étendre l'action *præscriptis verbis* au précaire, sur une jurisprudence postérieure à l'époque classique; Dernburg, *Pandect.,* 2, 7ᵉ éd., 1903, p. 247, n. 11; Kniep, *Præscr. und Pactum,* p. 79-82; Ubbelohde, dans Glück, *Pandect., série des livres 43 et 44,* V, 1896, p. 344 et s.

(3) Il n'y a évidemment aucune conséquence à tirer, en ce qui concerne la *condictio incerti,* des mots *id est præscriptis verbis* que les compilateurs y ont joints. Lenel n'admet plus la formule de *condictio incerti* qu'il avait d'abord fondée sur ce texte : *das Edict. perpet.,* p. 133; L'*Ed. perpét.,* I, 175-177.

fragment, Julien, était partisan de l'action *in factum*, mais surtout parce qu'il n'y avait pas de confusion possible, pas plus pour Julien que pour aucun autre, entre l'action *pr. v.* et la *condictio*.

Non moins certaine est l'interpolation du fr. 1 pr. D. 19, 3, *de æstimat.*, qui donne l'action *æstimatoria præscriptis verbis* dans tous les cas possibles de contrats innommés : *quotiens enim de nomine contractus alicujus ambigeretur, conveniret tamen aliquam actionem dari, dandam æstimatoriam præscriptis verbis actionem.* Cette proposition est déraisonnable. Comment parler de l'action estimatoire lorsque la convention sur laquelle on se fonde pour agir n'est pas un *æstimatum ?* Ulpien n'a pas pu s'exprimer ainsi. Ce sont les compilateurs qui ont étendu au delà des limites de l'*æstimatum*, l'action *de æstimato*, en lui attribuant sous le nom d'*æstimatoria præscriptis verbis* une portée absolument générale [1]. Ce nom lui-même était sans doute une nouveauté, et il est à croire que non seulement l'action générale *præscriptis verbis* n'était pas dite *æstimatoria* (ce qui est évident), mais que l'action spéciale *de æstimato* elle-même ne s'appelait pas *præscriptis verbis.* MM. Kniep et Naber l'ont soutenu [2], contrairement à

(1) On a proposé, pour expliquer de quelle façon le texte a pu être remanié, les deux conjectures suivantes : ou bien Ulpien parlait de l'action *de æstimato*, et disait *conveniret tamen* ÆSTIMATIONEM *dari*, et les compilateurs ont substitué à *æstimationem* les mots *aliquam actionem* (Ihering, *Jahrb.*, 15, p. 384-392; Zitelman, *Irrthum*, p. 504); ou bien il parlait de l'action *præscriptis verbis*, il disait *dandam præscriptis verbis actionem*, et les compilateurs ont ajouté *æstimatoriam* (Accarias, *Contrats innommés*, p. 77-78; Kniep, *Præscr. und Pact.*, p. 71-73). Suivant une autre hypothèse, Ulpien aurait écrit *quotiens enim de nomine contractus ejus ambigeretur, conveniret tamen aliquam actionem dari* [*dandam præscriptis verbis actionem; hic ergo dandam*] *æstimatoriam præscriptis verbis actionem*, et les mots entre crochets auraient disparu (Pernice, *Sitzungsberichte* de Berlin, 1884, p. 451).

(2) Kniep, *Præscriptio und Pactum*, p. 70; Naber, *Mnemos.*, 22, p. 68-70. D'après Kniep, les deux actions se distinguaient non seulement par leurs noms, mais par leurs formules, en ce sens que la première clause de la formule était dans l'action *de æstimato* une *demonstratio*, dans l'action *præscriptis verbis* une *præscriptio*. Ce point me paraît très douteux.

l'opinion généralement reçue qui présente l'action estimatoire
comme une espèce d'action *præscriptis verbis*, appelée ainsi
dès l'origine [1], et je crois qu'ils ont raison. On ne peut en effet
citer, en dehors de la phrase certainement interpolée du fr. 1
pr., D. **19**, **3**, aucun témoignage d'où il résulte que les classiques auraient donné à l'action *de æstimato* le nom de *præscriptis verbis* [2], et il y a de très fortes raisons de penser que ce
nom ne pouvait pas lui convenir. Ce n'est en effet qu'à défaut
d'action portant un nom spécial que l'action *præscriptis verbis*
était donnée : Celse nous le dit (**2. D. 19, 5**) ; et l'expression
præscriptis verbis s'explique précisément, on l'a vu, par l'absence de tout nom propre qui pût servir à désigner l'action.
Il eût donc été bien illogique d'appeler *præscriptis verbis* une
action donnée en vertu de l'Édit et qui aurait en même temps
porté le nom d'action estimatoire [3]. Les compilateurs seuls
ont pu l'admettre, puisque leur plan était d'unifier toutes les
actions données en cette matière.

Il y a enfin trois fragments du titre *de præscriptis verbis*
(Ulpien, **13** § **1** ; Gaius, **22**, et Afric., **24**), où *præscriptis verbis* se combine avec *in factum*. Ce sont certainement les compilateurs qui ont ainsi confondu l'action prétorienne et l'action
civile. Ils l'ont fait dans les deux premiers textes par l'addi-
tion des mots *id est præscriptis verbis : in factum putat actionem Julianus dandam id est pr. v.; — placet quasi de novo
negotio in factum dandum esse judicium, id est pr. v.* Dans le

---

(1) Lenel, l'*Éd. perp.*, **2**, p. 16 ; Girard, *Manuel* [4], p. 593.

(2) Le passage des Inst. **4, 6, 28** (*præscriptis verbis quæ de æstimato proponitur*) ne prouve évidemment rien pour le droit classique. Quant aux fr.
du Digeste qui donnent l'action *præscriptis verbis* dans des hypothèses
d'*æstimatum* (Ulp. 44, D. **17, 2**, *pro socio;* 17 § 1, D. **19, 5**, *de pr. verb.*),
leur interpolation s'explique précisément par ce changement de terminologie :
supra, p. 35, 36 et n. 3. Voy. Gradenwitz, *Interpol.*, p. 137-138, sur le fr. **44,
17, 2**. — Cf. le fr. 13 pr., D. **19, 5**, où, dans le même cas d'*æstimatum*,
l'action *in factum* est donnée par Ulpien.

(3) Il n'en faut pas moins reconnaître qu'il y a eu un certain rapport entre
l'*æstimatum* et la formation de la théorie des contrats innommés. Lenel,
l'*Éd. perp.*, **2**, p. 16-17.

troisième, ils ont procédé autrement, en créant le nom double *præscriptis verbis in factum : quare tutius esse præscriptis verbis in factum actionem dari*. Ces trois interpolations sont depuis longtemps reconnues, et paraissent bien indiscutables [1].

M. Naber soutient pourtant que l'expression *præscriptis verbis in factum* a pu être employée par les classiques [2]. Il reconnaît que sans doute l'action prétorienne *in factum*, celle que donnait Julien, ne s'appelait pas *præscriptis verbis;* mais, suivant lui, l'action civile elle-même était aussi *in factum*, et lorsqu'on employait cette expression dans ce second sens, rien n'empêchait d'y joindre *præscriptis verbis*. Cette double qualification n'avait rien de contradictoire : elle n'était que prolixe.

Nous avons réservé la question de savoir s'il est vrai qu'à l'époque classique, les mots *in factum* fussent vraiment applicables à l'action civile. Mais ce que nous pouvons dès à présent constater, comme un fait absolument certain, c'est que cette opinion ne trouve pas le moindre appui dans les trois textes dont il s'agit. Il est impossible de soutenir que dans aucun d'eux le jurisconsulte ait donné l'action civile. Une telle doctrine ne saurait être attribuée à Julien, l'auteur de la première décision que cite Ulpien 13 § 1, ni à Gaius, de qui est le fr. 22 [3]. C'est seulement à propos du fr. 24 que M. Naber essaie de revendiquer pour l'époque classique l'expression *præscriptis verbis in factum*, et encore reconnaît-il que ce texte a bien pu être également interpolé [4]. L'interpolation n'en est pas douteuse; on peut d'autant moins la contester qu'il s'agit

---

(1) Accarias, *Contrats innommés,* p. 214, 271, 324; Gradenwitz, *Interpol.,* p. 125, 140-143; Pernice, *Sav. St.,* 9, p. 252, n. 3 et p. 254, n. 1.

(2) Naber, *Mnemos.,* 22, p. 81.

(3) 7, § 2, D. 2, 14. *Suprà,* p. 23, n. 3. On a vu que dans ce texte Ulpien ne se borne pas à citer Julien, mais qu'il le critique, d'accord avec Mauricien ; peut-être faisait il de même dans le fr. 13 § 1, du moins on l'a supposé (Accarias, *Contrats innommés,* p. 270), et en ce cas les compilateurs auraient supprimé la critique. En tout cas ils ont ajouté *id est pr. v.*

(4) On a vu que Gaius ne semble pas connaître l'action *præscriptis verbis, suprà,* p. 29, n. 2.

d'une citation faite par Africain, dans ses *Quæstiones*, et que les nombreuses citations qu'on trouve dans cet ouvrage, même sans indication de nom, même en l'absence du mot *respondit* ou *inquit* et sous simple forme de proposition infinitive, comme c'est ici le cas, doivent être rapportées au maître d'Africain, Julien[1], c'est-à-dire au partisan le plus connu de l'action *in factum*. Pourquoi insister davantage? C'est le cas de dire avec Pernice : *darüber ist kein mehr Wort zu verlieren*[2].

L'opinion soutenue par M. Naber n'a donc pas son fondement dans les textes. Elle s'appuie uniquement sur l'analogie de l'expression *præscriptis verbis in factum* avec une autre expression qu'on attribue en général au droit classique : *civilis in factum* ; et il faut reconnaître que, si celle-ci était vraiment une expression classique, on pourrait très bien concevoir que l'autre le fût aussi. Mais est-il vrai que dans l'ancienne jurisprudence les mots *civilis in factum* servissent à désigner l'action civile? N'y a-t-il pas des raisons de penser que cette combinaison de deux noms dont l'un était celui de l'action civile et l'autre celui de l'action prétorienne, est une invention des compilateurs?

C'est ce qu'il s'agirait maintenant de rechercher. Mais les développements où il serait nécessaire d'entrer pour examiner les difficultés que soulève l'expression *civilis in factum* et pour tenter de les résoudre contrairement à la doctrine aujourd'hui dominante, risqueraient de dépasser à l'excès les limites où il convient de se restreindre. Qu'il me soit donc permis de clore ici cette étude, déjà trop longue, et de réserver pour une publication prochaine la question de l'action *civilis in factum*.

ADRIEN AUDIBERT,
*Professeur à la Faculté de Droit
de l'Université de Paris.*

---

(1) Buhl, *Salvius Julianus*, p. 67-85; P. Krüger, *Sources*, p. 236, n. 1; Boulard, *Salvius Julianus*, 1902, p. 120-121; Girard, *Manuel* [illegible], n. 3.

(2) Z. *Sav.-St.*, 9, p. 252, n. 3.

IMPRIMERIE
CONTANT-LAGUERRE
BAR LE DUC